# ORIGAMI
## für Kinder

Monika Pilger

# ORIGAMI
# für Kinder

Die Deutsche Bibliothek - CIP-Einheitsaufnahme
Origami für Kinder / Monika Pilger. - Wiesbaden: Englisch, 1996
ISBN 3-8241-0688-4

© by F. Englisch GmbH & Co Verlags-KG, Wiesbaden 1996
ISBN 3-8241-0688-4
Fotos Fotostudio Wolf
Printed in Spain.

Alle Rechte vorbehalten. Nachdruck, auch auszugsweise, verboten.
Die Ratschläge in diesem Buch sind von Autorin und Verlag sorgfältig erwogen und geprüft, dennoch kann eine Garantie nicht übernommen werden. Eine Haftung der Autorin bzw. des Verlages und seiner Beauftragten für Personen-, Sach- und Vermögensschäden ist ausgeschlossen. Eine gewerbliche Nutzung der Vorlagen und Abbildungen ist verboten und nur mit ausdrücklicher Genehmigung des Verlages gestattet.

# *Inhaltsverzeichnis*

| | |
|---|---|
| **Vorwort** | 7 |
| **Tips rund ums Falten mit Kindern** | 8 |
| **Einführung** | 10 |
| | |
| **Zoo** | 12 |
| Eisbär | 14 |
| Pinguin | 15 |
| Schweinchen | 16 |
| Giraffe | 18 |
| Löwe | 20 |
| | |
| **Winterland** | 24 |
| Baum | 25 |
| Haus | 26 |
| Auto | 27 |
| Nikolaus | 28 |
| Tannenbaum | 30 |
| Teufelchen | 31 |
| | |
| **Geburtstag** | 33 |
| Bilderrahmen | 34 |
| Briefumschlag | 35 |
| Umhängeherz | 36 |
| Krone | 38 |
| | |
| **Indianer** | 40 |
| Wigwam | 41 |
| Pfeil | 42 |
| Kanu | 43 |
| Pferd | 44 |
| | |
| **Sommerwiese** | 46 |
| Marienkäfer | 48 |
| Raupe | 51 |
| Springfrosch | 52 |
| Teich | 53 |
| Schnecke | 55 |
| Schmetterling | 57 |
| | |
| **Anhang** | 59 |
| Origamipapier & Co | 59 |
| Schwierigkeitsstufen | 60 |
| Internationale Faltsymbolik | 62 |

# *Vorwort*

Kinder falten begeistert einfache Origamifiguren, wenn man es ihnen in einer kindgerechten Form und Sprache beibringt. Spaß soll Origami machen, und dafür helfen meistens schon ein paar Tips und Tricks, die ich in diesem Buch weitergeben will.

Falten mit Kindern hat auch bei uns eine lange Tradition, nicht nur in Japan. Es ist wichtig, sich die Mühe zu machen, auf die Bedürfnisse der Kinder beim Papierfalten einzugehen: Die Origamimodelle müssen als Motivation für Kinder ansprechend sein, die Koordinations- und Konzentrationsfähigkeit der Kleinen muß genauso berücksichtigt werden, wie der Stil der Anleitung oder die Auswahl des Papiers.

Aber auch wir Eltern und Erzieherinnen sind beim Origami mit Kindern gefordert, denn unermüdliches Lob und Hilfestellungen bei den scheinbar einfachsten Knicken sind wichtig. Besonders, wenn Ihnen einmal der Geduldsfaden zu reißen droht, der Spaß und die Freude der Kinder wird Sie für Ihre Mühen entschädigen.

*Monika Pilger*

# Tips rund ums Falten mit Kindern

Das Geheimnis schöner Origamimodelle ist eigentlich recht einfach: Beim Falten müssen einerseits die aufeinandergelegten Ecken des Papiers exakt übereinstimmen und andererseits die Papierkanten einer Faltung so scharf wie möglich gefalzt werden (am besten mit dem Fingernagel nachstreichen). Man kann es gar nicht oft genug wiederholen, denn bei manchen Modellen entscheidet der Falz über Sieg oder Niederlage des Falters über das Papier.

Gerade kleinere Kinder haben jedoch mit diesen beiden Punkten ihre Schwierigkeiten, so daß Sie ihm nach mehreren vergeblichen Versuchen (aber erst dann) etwas zur Hand gehen sollten. Fragen Sie aber stets um seine Erlaubnis, denn sonst verliert ein Kind schnell die Lust am Falten.

Probieren Sie ein Modell selbst aus, bevor Sie es Kindern beibringen. Selbst mit viel Erfahrung in Origami können noch leichte Modelle ihre Tücken in sich bergen, und Kinder spüren jede Unsicherheit. Falten Sie den Kindern die Modelle und Figuren vor, eventuell sogar einmal komplett und einmal in Etappen.

Einige Modelle dieses Buches mögen Ihnen für Kinder zu schwierig erscheinen. Sie haben sich jedoch in langjähriger Praxis mit Kindern von 3 bis 12 Jahren bewährt. Die meisten Schulkinder beherrschen beispielsweise nach mehrmaligem Üben das Faltschiffchen, ein echter Faltklassiker. Dabei ist das „Schiffchen" kaum leichter als die „Krone" auf Seite 38, die einer mittleren Schwierigkeitsstufe entspricht.

Nicht alle Kinder entwickeln sich gleich, weshalb es immer wieder vorkommen kann, daß sie das eine oder andere Modell nicht mögen oder bewältigen können. Halten Sie stets ein Alternativmodell bereit, falls Ihre Auswahl nicht „ankommen" sollte. Es kann auch passieren, daß beispielsweise eine einfache Faltung wie der „Bilderrahmen" (Seite 34) von manchen Fünfjährigen problemlos gefaltet wird, während wiederum manche Achtjährigen an der Faltung scheitern. Wenn Sie Ihre Kinder noch nicht einschätzen können, testen Sie sie mit dem einfachen „Marienkäfer"-Modell (Seite 48). Je nach Alter, Geschicklichkeit und Erfahrungsgrad sollten Sie anschließend geeignete Modelle vorschlagen.

Es hat sich außerdem bewährt, besser nur ein bis drei Origamis für eine Faltstunde oder einen Origaminachmittag auszuwählen, als sich in vielen verschiedenen Modellen zu verlieren. Dafür sollten diese wenigen jedoch immer wieder erklärt und gezeigt werden. Achten Sie dabei besonders auf die Zwischenergeb-

nisse, die in diesem Buch meistens gezeigt werden. Kinder brauchen diese Zwischenergebnisse.
Nachfragen wie „Zeig mir doch, was du dir gemerkt oder schon gelernt hast" verschaffen schnell Klarheit über das aktuelle Verständnis und den Erfahrungsschatz eines Kindes. Unter Umständen ist es sogar von Vorteil, Hilfspunkte oder -linien mit Bleistift auf dem Faltpapier einzuzeichnen, was eigentlich beim Origami nicht üblich ist.

***Ein Tip am Rande:***
Einige Origamis brauchen unter Umständen etwas Klebstoff, um zusammenzuhalten. Doch bei den lieben Kleinen kann der Umgang mit flüssigem Klebstoff schnell in eine unschöne Kleberei ausarten. Verwenden Sie deshalb besser Klebstifte beziehungsweise Foto- oder Layoutkleber, die sich leicht wieder lösen lassen.

# *Einführung*

Nach oben (Talfalte) oder unten (Bergfalte) knicken, rechts anlegen und wenden statt umdrehen: auch das Falten und seine Fachsprache will gelernt sein. Um Mißverständnisse und den Groll fortgeschrittener „Origamifans" zu vermeiden, wird in diesem Buch die internationale Faltsymbolik (Übersicht auf Seite 62) mit ihren entsprechenden Bezeichnungen verwendet.

Trotz aller Standardisierung hat dies jedoch den gravierenden Nachteil, daß sich Kinder meist wenig unter einer „Berg- oder Talfalte" vorstellen können, während Begriffe wie „nach vorne", „nach hinten" oder Beschreibungen wie „die eine Ecke will zu dem Kreuz in der Mitte" eher der kindlichen Sprache entsprechen. Da sich dieses Buch an Sie als Eltern und Erzieherinnen wendet, die ihren Kindern Origami zeigen und erklären wollen, wurde beim Sprachstil der Anleitungen ein gangbarer Kompromiß gesucht, der beiden Seiten gerecht wird – und hoffentlich auch gefunden.

Die Modelle im Buch sind unterschiedlich schwer in der Ausführung, weshalb sie in drei gängige Schwierigkeitsstufen (Übersicht auf Seite 60) unterteilt wurden. Origami unterliegt (beinahe) keiner Altersbeschränkung, unterscheidet sich jedoch stark in den Anforderungen an Praxis und Geschicklichkeit. Bereits Dreijährige können mit etwas Übung und Ausdauer einen „Marienkäfer" (Seite 48) falten. Trotzdem ist es jedem ungeübten Erwachsenen anzuraten, zuerst einmal mit dieser Figur zu beginnen, um ein „Gefühl" für das Falten selbst zu entwickeln. Aus diesem Grund beginnt jedes Kapitel mit seinen einfachsten und endet mit den schwersten Modellen.

Zudem sind die kinderleichten Figuren ausführlicher beschrieben, als die komplexen Objekte (wie Giraffe, Löwe oder Pferd), da letztere meistens nur von fortgeschrittenen Faltern angegangen werden. Wenn Sie sich in einem Kapitel durch die verschiedenen Modelle gearbeitet haben, bewältigen Sie am Ende selbst die schwerste Faltung.

Origamimodelle gehen, bis auf wenige Ausnahmen, immer von der quadratischen Grundform aus. Deshalb beziehen sich in diesem Buch alle Formatangaben auf diese Grundform, sofern nicht anders angegeben.

Theoretisch können Sie jedes Papier für Origami verwenden, das nicht zu dick oder zu dünn und reißfest ist. In der Praxis sieht es jedoch etwas anders aus, vor allem, wenn es sich um das Falten mit Kindern handelt.

Das Origamimodell entsteht aus dem Papier, weshalb es mit Sorgfalt ausgewählt sein will. Gerade Kinder reagieren sehr spontan auf Papiermuster (Motive und Farben) als auch auf die Papiersorte (Griffigkeit und Faltbarkeit). Kaufen Sie deshalb neben einfachem Origamipapier auch stets einige Bogen Motivpapier ein.

Mit einem Disney-Origamipapier als Anreiz falten Kinder viel begeisterter. Sie bekommen es aber erst, wenn sie das Modell beherrschen. Vorher wird an einfachem Papier probiert.

Zu Beginn eines Kapitels finden Sie eine Übersicht, in der allgemeine Tips und Hinweise zu seinen Modellen gegeben werden. Origamimodelle lassen sich oft mit anderem Spielzeug kombinieren oder sind eine ideale Ergänzung. Lassen Sie sich von den Fotos und Anregungen inspirieren.

# *Zoo*

Der „Eisbär" ist eine der einfachsten Modelle in diesem Buch und somit auch ein guter Einstieg in das Origami für Kinder. Der Eisbär wirkt besonders durch seine schichte Form und eignet sich auch hervorragend für sehr kleine Kinder. Der Origamieisbär kann sich wie sein Vorbild aufstellen und Männchen machen. Kinder basteln dazu gerne ganze „Pinguin"-Familien. Während Ihre Kinder Mama, Papa, Onkel oder Tante der Pinguinfamilie falten, können Sie ja das winzige Pinguinbaby und seine größeren Geschwister übernehmen. Ein

weißer Schuhkarton wird schnell zur Eishöhle. Käseschachteln oder eine aus weißem Papier gefaltete „Krone" (siehe Seite 38) können umgedreht als Eisschollen dienen.
Jede Menge „Schweinchen" machen den Streichelzoo erst perfekt und sind auch gar nicht so schwierig, wie sie aussehen. „Giraffe" und „Löwe" gehören dagegen mit zu den schwersten Faltobjekten dieses Buches, weshalb Kinder hierbei entweder viel Erfahrung mitbringen oder etwas älter sein sollten. Aber der Aufwand und die Geduld werden reichlich belohnt, wenn anschließend der Zoo vollständig und in seiner ganzen Pracht aufgestellt und bewundert werden kann.

*Tip:* Kinder lieben es, wenn sie ihren Tieren ein Gesicht aufmalen dürfen. Die Giraffe gewinnt zusätzlich noch, wenn man sie mit braunen Körperflecken bemalt.

# Eisbär

***Material:***
3 Blatt weißes Papier mit circa 10 Zentimeter Seitenlänge. Notizzettel aus Zettelboxen eignen sich dabei bestens.

1. Falten Sie die beiden Blätter wie abgebildet: Stellen Sie sich vor, Sie legen eine Serviette unordentlich zusammen. Anstatt die Ecken genau aufeinanderzufalten, legen Sie die obere Spitze ein Stück daneben an, bis zwei etwa gleich große Dreiecke überstehen.
2. Schieben Sie die zwei gefalteten Blätter ineinander und knicken sie gemeinsam in der horizontalen Mitte. Streichen Sie den „Bärenrücken" gut nach.
3. Knicken Sie eine kleine Ecke am „Bärenhinterteil" als Schwanz um.

***Tip:*** Damit der Eisbär besser zusammenhält und sich zum Spielen eignet, sollten Sie unbedingt die beiden Teile mit Papierkleber aneinander fixieren.

# Pinguin

**Material:**
1 Blatt schwarzweißes Papier mit 15 Zentimeter Seitenlänge oder kleiner.

***Tip:*** Falls Sie kein schwarzweißes Origamipapier (Bicolor) bekommen können, nehmen Sie einfach Scherenschnitt- oder Buntpapier oder malen Sie mit dem Kind eine Seite eines weißen Blattes schwarz an. Letzteres hat den Vorteil, daß Ihr Papier lebendiger wirkt und Sie auch ruhig dickere Papierstärken verwenden können.

1. Legen Sie das Quadrat mit der schwarzen Seite nach oben.
2. Falten Sie das Blatt diagonal von rechts unten nach links oben. Die weiße Seite liegt jetzt oben auf.
3. Falten Sie nun einen schwarzen „Pinguinflügel" zum Mittelbruch hin, aber nur teilweise bis zur Kante, damit später der weiße Pinguinbauch zu sehen ist. Wenden Sie die Figur und wiederholen Sie die Faltung auf der Rückseite.
4. So sollte Ihre Figur nun aussehen.
5. Für den Kopf des Pinguins knicken Sie die Spitze wie abgebildet nach hinten.

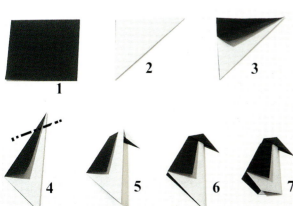

6. Schlagen Sie nun den Kopffalz wieder zurück und öffnen Sie die Figur am diagonalen Mittelbruch. Klappen Sie seine Innenseite an der Spitze nach außen (hinten). Ihre Mittelfinger können dabei am Kreuzungspunkt der beiden Falzlinien etwas nachhelfen, um eine Gegenbruchfalte nach außen zu erhalten (Handabbildung). Beim Zusammenklappen der Figur entsteht nun ein schwarzer „Pinguinkopf".

7. Die untere weiße Spitze wird zum Schluß nach innen eingeschlagen, möglichst im rechten Winkel zur Kante des „Pinguinbauches". Jetzt kann der Pinguin zu seinen Freunden watscheln.

*Tip:* Für ein Mühlespiel falten Sie neun Pinguine als schwarze Spielfiguren wie oben beschrieben; für weitere neun muß jedoch das Papier bei Punkt 1 mit der weißen Seite nach oben aufliegen. Anstatt der weißen Pinguine können Sie auch kleinere Eisbären als Spielfiguren für Ihr Mühlespiel verwenden.

# Schweinchen

*Material:*
3 Blatt orange-, rosa- oder pinkfarbenes Papier mit 10 Zentimeter Kantenlänge oder kleiner. Auch hier eignen sich quadratische Notizzettel.

1. Legen Sie drei gleichgroße Quadrate zurecht.
2. Falzen Sie die Quadrate entlang ihrer Diagonalen.
3. Falten Sie die entstandenen Dreiecke jetzt in der Mitte zu einem Mittelbruch.
4. Schieben Sie nun die drei Teile ineinander. Dabei sollen jeweils die zwei offenen Spitzen nach unten zeigen und die verbliebenen Spitzen stets in die gleiche Richtung weisen. Schieben Sie nun die Dreiecke entlang des Mittelbruchs ineinander. Schweinerücken und Schweinebauch sehen nun gleich aus (siehe rechtes Einzelbild auf Seite 17).
5. Falten Sie ein Ohr nach oben und eine kleine Ecke wieder nach unten.

6. Wenden Sie die Figur und wiederholen Sie Punkt 5 auf der Rückseite. Zum Abschluß knicken Sie die offene Spitze des „Schweineschwanzes" um.

*Tip:* Wenn kleine Kinder mit dem Schweinchen spielen wollen, sollten Sie zuvor die drei Bestandteile mit Papierkleber fixieren, beispielsweise an den Mittelbrüchen des „Schweinerückens".

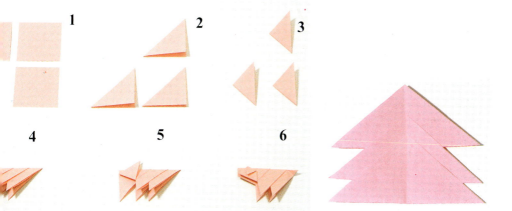

# Giraffe

## Giraffenhals

1. Falten Sie, wie abgebildet, ein Viereck in Form eines Drachens.
2. Falten Sie die linke und rechte Ecke nochmals zur Mittellinie hin, wobei die Spitze, die nach oben zeigt, etwas stumpfer auslaufen sollte.
3. Falten Sie das untere Dreieck nach oben und die daraus entstandenen Ecken zur Mittellinie.
4. Das spitze Drachenviereck (siehe Abb.) klappen Sie in der Mitte zusammen.
5. Den Kopf mit einer Gegenbruchfalte (siehe „Pinguin" Punkt 6) falten Sie nach außen. Die kleine Spitze des entstandenen Kopfes wird für eine Schnauze wieder nach innen gefaltet.

**Material:**
2 Blatt gelbes oder gelbgeflecktes, nicht zu dickes Origamipapier mit 15 Zentimeter Kantenlänge sowie Papierkleber.

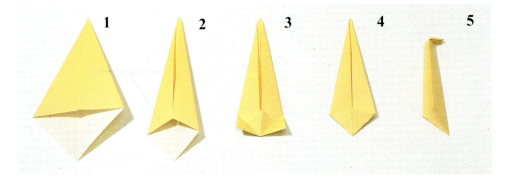

## Giraffenkörper

6. Folgen Sie den Abb. des Wigwams auf Seite 41 bis einschließlich Punkt 4. Falten Sie das Blatt entlang der Diagonalen. Es sollen Bergfalten auf der Seite zu sehen sein. Halbieren Sie mit einer Talfalte das Blatt. Entlang der Talfalte schieben Sie das Quadrat zu einem Dreieck zusammen.
7. Falten Sie die linke Ecke bis zur gegenüberliegenden Kante.
8. Öffnen Sie die Figur entlang den Pfeilrichtungen, bis sich zwei Dreiecke bilden. Falzen Sie aufstehende Teile nach und streichen Sie sie glatt.
9. Klappen Sie die Faltung an der waagerechten Mittellinie zusammen.
10. Falten Sie die geraden Außenkanten schräg nach innen.
11. Schlagen Sie einen kleinen Schwanz mit Gegenbruch nach innen und kleben Sie den Hals auf dem Körper fest.

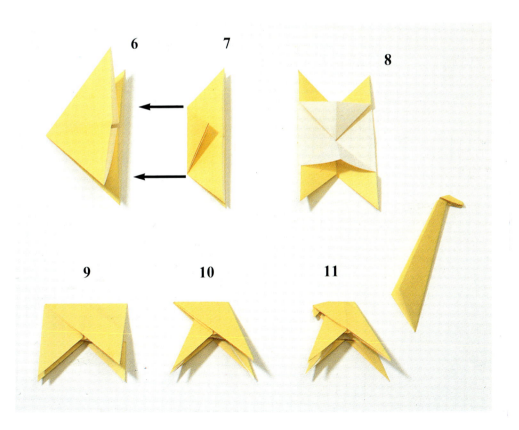

# Löwe

### *Löwenmähne*

1. Falzen Sie ein gerades Kreuz mit Bergfalten und öffnen Sie das Papier wieder.
2. Falten Sie die linke und rechte Seite bis zur Mittellinie und öffnen Sie das Blatt wieder. Leicht zusammengeschoben, sollte es dann wie abgebildet aussehen.
3. Das Blatt drehen Sie um 90 Grad. Anschließend werden wie in Punkt 2 die beiden anderen Seiten zur Mitte gefaltet und wieder geöffnet. Es ist ein Karomuster aus 16 Quadraten entstanden.
4. Nehmen Sie die linke obere Ecke und falten Sie eine Diagonale in das kleine Quadrat. Ebenso in das rechts angrenzende Quadrat.
5. Wiederholen Sie die Faltung von Punkt 4 mit den restlichen drei Ecken.

**Material:**
3 Blatt beidseitig gelbes und möglichst reißfestes Papier mit einer Seitenlänge zwischen 10 und 20 Zentimeter. Papierkleber oder Tesafilm.

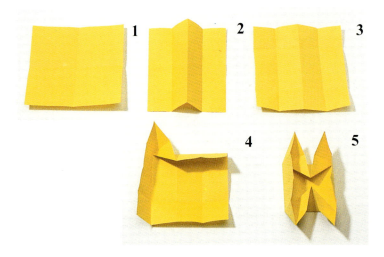

6. Schlagen Sie zwei der Seitenflügel entlang der Pfeilrichtung um.
7. Ein Windrad ist entstanden.
8. Öffnen Sie die Flügel leicht und falten ihre Spitzen zur Mitte. Drücken Sie die Spitzen flach an (siehe Detailaufnahme 8a).
9. Falten Sie vier kleine Drachenvierecke.
10. Öffnen Sie die Drachen wieder und falten Sie sie jeweils zu einer Raute.
11. Die Spitzen der Rauten werden wieder zur Mitte gefaltet. Erneut sind vier Drachenvierecke zu sehen, jedoch mit der geschlossenen Seite nach oben.
12. Zwischen den Drachen zeigt noch eine weitere Spitze zum Mittelpunkt. Nehmen Sie diese spitze Ecke und klappen Sie sie nach außen. Verfahren Sie mit den restlichen drei Spitzen in gleicher Weise.

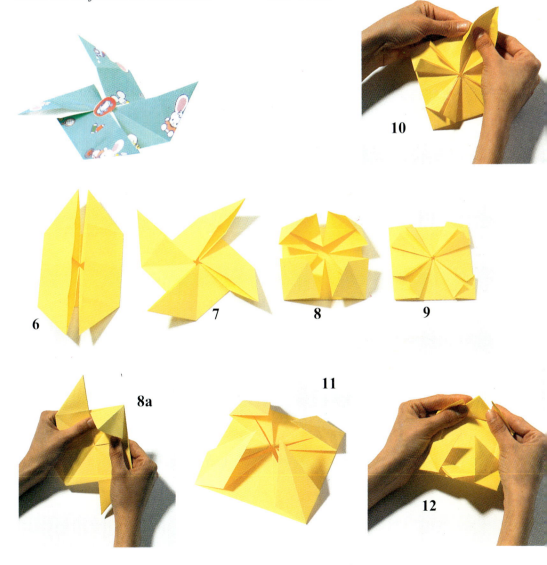

## *Löwengesicht*

13. Falzen Sie in ein neues Blatt ein gerades Kreuz mit Talfalten, und öffnen Sie es wieder.
14. Falzen Sie die vier Ecken zum Mittelpunkt hin und drehen die Faltung um 45 Grad.
15. Wiederholen Sie die Faltung von Punkt 14 ein zweites Mal, um ein kleineres Quadrat zu erhalten.
16. Wiederholen Sie die Faltung von Punkt 14 ein drittes Mal und wenden das quadratische „Päckchen".
17. Stecken Sie es mit der geschlossenen Rückseite nach oben in die Löwenmähne.

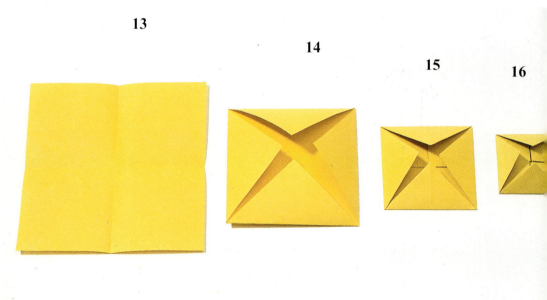

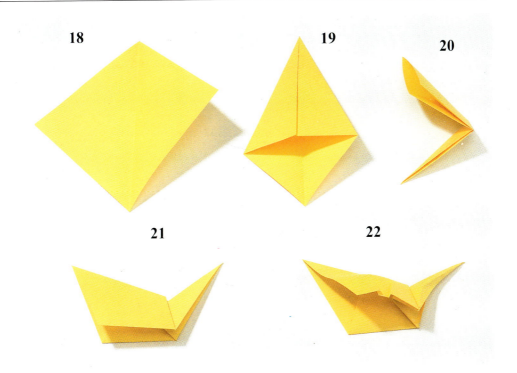

## Löwenkörper

18. Falzen Sie ein neues Blatt diagonal.
19. Bilden Sie ein Drachenviereck, indem zwei Ecken zur Mittellinie eingeschlagen werden.
20. Falten Sie den Drachen in der Mitte zusammen und knicken Sie geschlossen etwa ein Drittel schräg nach unten vorne ab.
21. Drücken Sie den Schwanz mit einer Gegenbruchfalte erst nach innen, dann falzen Sie wieder mit einer Gegenbruchfalte nach außen.
22. Die hinteren Schwanzseiten leicht nach innen knicken, um den Schwanz zu schließen. Wenn Sie wollen, können Sie in den „Löwenbauch" noch zwei Fältchen schieben, damit der Löwe später lebendiger aussieht.

23. Malen Sie dem Löwenkopf ein Gesicht auf. Kleben Sie den Kopf am Körper fest, und balancieren Sie ihn dabei so aus, daß der Löwe beim Aufstellen nicht nach vorne kippen kann.

# Winterland

Wenn es draußen stürmt oder schneit, läßt es sich Zuhause besonders gut falten. In Amerika feiert man nun Halloween, die Nacht des großen Kürbis, wo Teufel und Gespenster durch die Nacht geistern. Dazu paßt ausgezeichnet eines meiner Lieblingsmodelle, das mir mein Onkel als Kind zeigte: das „Teufelchen". Den Kindern, insbesondere den Jungen, gefällt dieses Origami so gut, weil es am Ende der Faltung aufgeblasen wird. Den Teufel können Sie für ein Puppenspiel auf einen dünnen Holzstab beziehungsweise einen Schaschlikspieß stecken. Auch die Weihnachtszeit kommt mit großen Schritten näher und warum nicht eine kleine Origamibastelei als Weihnachtsgeschenk für liebe Freunde und Verwandte falten? Klebt man beispielsweise die zweidimensionalen Origamis „Baum", „Haus" und „Auto" auf einen Bogen großes Malpapier, malt noch eine Winterlandschaft mit Schneeflocken dazu und stellt anschließend das gefaltete Kunstwerk in einen Bilderrahmen, so freut sich jede Oma. Aber auch zum Spielen eignen sich diese „flachen" Modelle hervorragend.

Im Advent freut sich jedes Kind auf den Nikolaus, der die Stiefel oder Strümpfe füllt. Selbst der kleine Origami-Nikolaus kann in seiner Bauchtasche Nüsse oder Bonbons verstecken.

Der aufwendig verzierte „Tannenbaum" ist für jeden Gabentisch eine Augenweide. So lassen sich etwa ein kleiner Nikolaus oder Christbaumschmuck aus Schokolade darunter verstecken. Und unter dem Jahr kann er in vielfacher Ausfertigung als Spielaccessoire für Ritterburgen („der finstere Zauberwald") oder ähnliches dienen.

# Baum

*Material:*
1 Blatt grünes Papier von 15 Zentimeter Seitenlänge oder beliebiger Größe sowie Papierkleber.

1. Falzen Sie das Blatt diagonal.
2. Schlagen Sie die linke und rechte Ecke bis zur Mittellinie ein, so daß ein Drachenviereck entsteht.
3. Falten Sie das weiße Dreieck nach oben.
4. Schlagen Sie das Dreieck aus Punkt 3 gleich wieder ein Stück nach unten ein, und knicken Sie eine kleine Ecke ein zweites Mal nach oben. Man nennt das „stufenweise falten".
5. Fixieren Sie die Stufen mit Papierkleber und wenden Sie den Baum auf die geschlossene Rückseite. Fertig ist der Baum, den fast alle Kinder ab 3 Jahre zustande bekommen.

*Tip:*
Einen Baum zum Aufstellen finden Sie im Abschnitt „Tannenbaum" auf Seite 30.

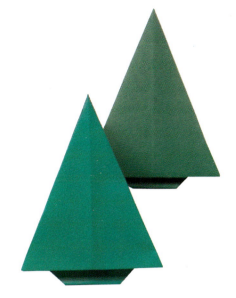

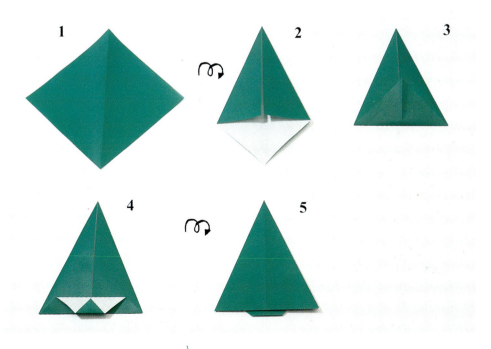

# Haus

***Material:***
1 Blatt rotweißes Papier (Bicolor) mit 15 Zentimeter Seitenlänge, Papierkleber und Stifte.

1. Falten Sie das Papier in der Mitte und schlagen Sie anschließend den rechten und linken Seitenrand zur Mittellinie ein. Öffnen Sie das Blatt wieder.
2. Drehen Sie das Blatt um 90 Grad und wiederholen Sie die Faltung von Punkt 1. Es ist ein Karomuster mit 16 Einzelquadraten entstanden.
3. Falten Sie das Blatt in der Mitte zusammen.
4. Halten Sie die untere Ecke an der Bruchkante in der Mitte fest, ziehen Sie die Ecke nach oben, und drücken Sie beim ersten Kreuzungspunkt flach. Wiederholen Sie die Faltung mit der oberen Ecke.
5. Drehen Sie das Modell um 90 Grad nach rechts und ein Haus ist entstanden. Klappen Sie nun das Haus in der Mitte zusammen, haben Sie ein Einfamilienhaus mit Kamin. Als eine der wenigen Ausnahmen kann das Haus auch aus rechteckigem Papier gefaltet werden, wie einem DIN-A4-Blatt.

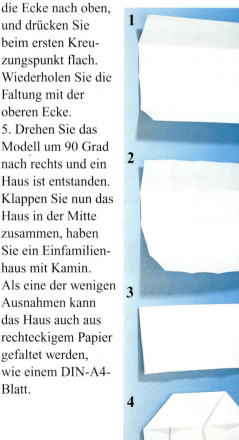

# Auto

***Material:***
1 Blatt einseitig gefärbtes Buntpapier mit 10 Zentimeter Kantenlänge oder von beliebigem Format.

1. Falzen Sie ein neues Blatt in der Mitte und wenden es auf die Rückseite mit der weißen Seite nach oben.
2. Falten Sie die untere Kante zur Hälfte nach oben.
3. Falzen Sie nun wie bei einer Ziehharmonika die obere Kante wieder nach unten. Wenden Sie das Blatt um.
4. Wiederholen Sie die Faltung.
5. Halten Sie das Auto an der markierten Stelle mit der linken Hand fest. Mit der rechten Hand ziehen Sie nun die rechte obere Ecke so weit nach unten, bis ein kleines weißes Dreieck als „Rad" zum Vorschein kommt. Nicht aufgeben, es klingt komplizierter als es ist.
6. Wiederholen Sie die Faltung auf der gegenüberliegenden Seite.
7. Schlagen Sie die beiden weißen Ecken noch einmal nach innen ein, um den „Rädern" die Spitze zu nehmen.
Das Auto kann jetzt nach Belieben mit Papierkleber fixiert und bemalt werden.

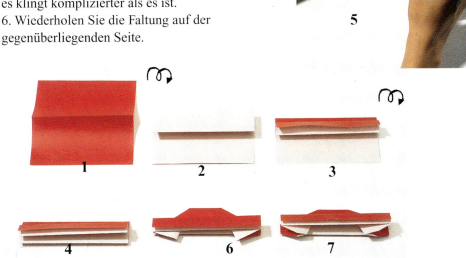

# Nikolaus

**Material:**
Je 1 Blatt rotweißes Origamipapier (Bicolor) mit 10 und 15 Zentimeter Seitenlänge.

## *Nikolauskörper*

1. Legen Sie das größere Blatt mit der farbigen Seite nach oben und falten es senkrecht in der Mitte.
2. Knicken Sie oben und unten einen schmalen weißen Rand, und wenden Sie das Blatt auf die weiße Rückseite.
3. Falten Sie ein „Hausdach".
4. Schlagen Sie nun die gerade untere Kante nach oben, so daß das „Dach"

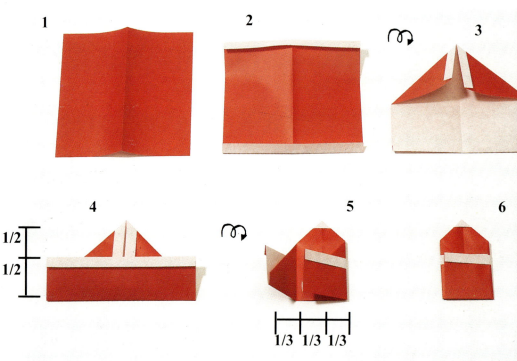

teilweise bedeckt ist. „Dachspitze" und unteres Rechteck sollen dabei gleich hoch sein. Wenden Sie die Arbeit wieder.
5. Schlagen Sie nun die weiße untere Blatthälfte nach oben und wenden Sie die Arbeit wieder.
6. Stecken Sie die Laschen ineinander, und drehen Sie den Körper wieder auf die Vorderseite.

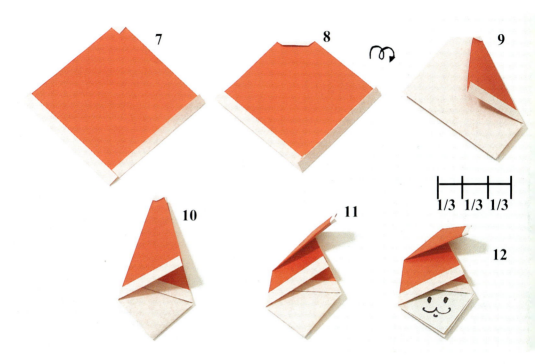

## Nikolauskopf

7. Legen Sie sich das kleinere Blatt wie abgebildet mit der farbigen Seite nach oben zurecht. Für den weißen Mützenrand falzen Sie an zwei angrenzenden Seiten einen schmalen weißen Rand nach oben und schlagen die gegenüberliegende Spitze ebenfalls minimal nach oben ein.
8. Wiederholen Sie die Faltung in Punkt 7, und wenden Sie dann die Arbeit mit der weißen Rückseite nach oben.
9. Schlagen Sie die rechte Ecke zu einem Drittel nach vorne ein.
10. Falten Sie die linke Ecke ebenfalls zu einem Drittel nach vorne.
11. Knicken Sie die Mützenspitze schräg nach vorne ab.
12. Malen Sie dem Nikolaus ein Gesicht, und kleben Sie den Kopf auf dem Körper auf.

*Tip:* In der „Bauchtasche" kann man Bonbons, kleine Briefe oder ähnliches verstecken.

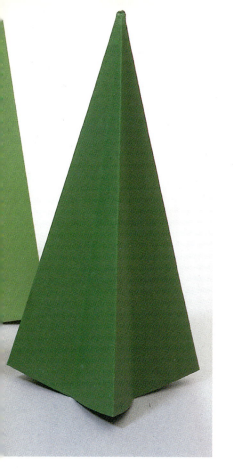
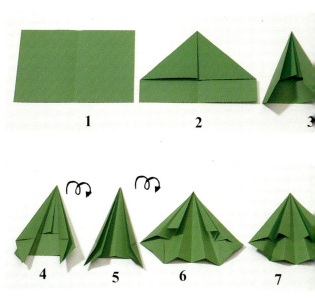

# Tannenbaum

*Material:*
1 Blatt tannengrünes Tonpapier im Format DIN A4 sowie ein Stück Tesafilm.

1. Falten Sie das Blatt in der Mitte.
2. Falten Sie ein „Hausdach".
3. Schlagen Sie die linke und rechte Seite nochmals zur Mittellinie ein.
4. Falten Sie nun von der Mitte her die Bruchkante auf die rechte äußere Bruchkante. Wiederholen Sie die Faltung auf der linken Seite. Wenden Sie die Arbeit auf die Rückseite.
5. Schlagen Sie die beiden äußeren übereinanderliegenden rechten Bruchkanten zur Mittellinie ein. Wiederholen Sie die Faltung auf der linken Seite und wenden Sie das Blatt.
6. Öffnen Sie das Blatt soweit wie abgebildet. Klappen Sie die linke und rechte untere Ecke bis zu den Längsfalten nach oben. Ein Dreieck entsteht.
7. Klappen Sie die beiden Ecken, die mit der Spitze nach unten zeigen, wie im vorangegangenen Punkt 6 nach oben. Zwei kleinere Dreiecke entstehen. Halten Sie die beiden äußeren Kanten zusammen, und kleben Sie sie mit Tesafilm zusammen.
8. Den fertigen Baum können Sie mit Gold- und Silberstiften bemalen oder mit Glitzersternen, Lametta sowie Schneespray verzieren und bekleben.

*Tip:* Wenn einem Kind Punkt 6 und 7 zu schwer sind, können Sie auch gleich den Baum kleben und unten abschneiden anstatt ihn zu falten.

# Teufelchen

**Material:**
1 Blatt rotes, nicht zu dickes, reißfestes Papier von 15 Zentimeter oder größer. Stifte oder Aufkleber für die Augen.

1. Falten Sie in das Blatt ein Kreuz mit Talfalten.
2. Falzen Sie die Diagonalen mit Bergfalten.
3. Drücken Sie das Blatt so zusammen, daß ein Dreieck entsteht (siehe auch unter Wigwam auf Seite 41). Drehen Sie die Arbeit um 90 Grad.

**1**

**2**

**3**

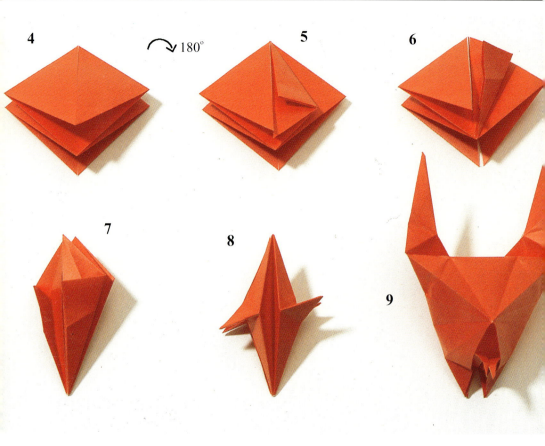

4. Falten Sie die unteren Ecken des Dreieckes zur oberen Spitze. Wiederholen Sie die Faltung auf der Rückseite. Es entsteht ein quadratisches „Päckchen". Drehen Sie es um 180 Grad. Die offenen Spitzen zeigen jetzt nach unten.
5. Falten Sie die rechte Ecke nach unten und zur Mittellinie (siehe Abb.). Öffnen Sie diesen Schritt wieder.
6. Falten Sie die gleiche rechte Ecke diesmal nach oben zur Mittellinie.
7. Wiederholen Sie die Faltung von Punkt 5 und 6 an den übrigen Seiten.
8. Drücken Sie die Vorfaltung von den Seiten her zur Mitte zusammen, bis sich eine Spitze formt.
Halten Sie die Figur an zwei Zipfeln gut fest und suchen Sie nun die Öffnung. Blasen Sie kräftig hinein bis der Teufel zum Vorschein kommt. Unter Umständen die Hörner von Hand herausziehen.
9. Ziehen Sie die Zunge heraus, und formen Sie sie nach. Malen Sie nun Augen auf oder kleben Sie runde Klebeetiketten auf.

# *Geburtstag*

„Kleine Geschenke erhalten die Freundschaft" sagt das Sprichwort und das gilt um so mehr an Geburtstagen. Was gibt es also schöneres, als jemandem zu dessen Freudenfest sein Herz zu verschenken.

Das Origami kennt gleich zwei herzige Möglichkeiten, seine Zuneigung auszudrücken – das „Herz zum Umhängen" und den „Briefumschlag". Das Umhängeherz ist schnell gefaltet und kann einzeln oder als „Perlenkette" dem Geburtstagskind geschenkt und umgehängt werden.

Liebesgrüße oder auch nur gutgemeinte Glückwünsche zum Freudenfest befördert anmutig der „Herzensbrief". Zusammengefaltet unterscheidet er sich kaum von einem herkömmlichen Briefumschlag, doch geöffnet offenbart er seine wahren Werte. Ob Foto, Kinderzeichnung oder „abstraktes" Kunstwerk der ganz Kleinen – sie alle kommen in einem Bilderrahmen erst so richtig zur Geltung. Gerahmte Glückwünsche sind zudem eine nette Alternative zur gekauften Geburtstagskarte.

Geburtstagskinder (und nicht nur die) sind gerne kleine Könige oder Prinzessinnen. Warum ihnen nicht die Freude bereiten und sie für einen Tag in den Adelsstand berufen? Mit der „Krone" aus Origamipapier kein Problem. Sogar ganze Geburtstagsgesellschaften lassen sich damit geschwind in die „Royal Family" verwandeln. Oder setzen Sie Ihrer Märchenstunde kurzerhand die „Krone" auf.

3. Wiederholen Sie die Faltung von Punkt 2 an den anderen drei Seiten.
4. Falten Sie eine Eckspitze von der Mitte wieder nach außen zur Kante des Quadrats.
5. Wiederholen Sie die Faltung von Punkt 4 an den anderen drei Seiten.
6. Schlagen Sie die zuletzt gefalteten vier Eckspitzen nach innen ein. Nun können Sie ein Bild oder Foto in den Rahmen stecken, der zum Schluß festgeklebt werden muß.

# Bilderrahmen

**Material:**
1 Blatt Origamipapier ab 15 Zentimeter Seitenlänge. Es eignet sich jedes quadratische Papier dafür, sehr schön ist jedoch Geschenkpapier für Kinder mit einem kleinen Muster, Papierkleber.

1. Falzen Sie ein gerades Kreuz mit Bergfalten, und öffnen Sie das Papier wieder.
2. Falten Sie eine Ecke zur Mitte hin.

*Tip:* Experimentieren Sie mit der Rahmengrundfaltung, denn es gibt zahllose Variationen, wie z.B. der achteckige Rahmen durch Einschlagen der Ecken nach innen. Finden Sie Ihren individuellen Lieblingsrahmen durch Experimentieren.

# Briefumschlag

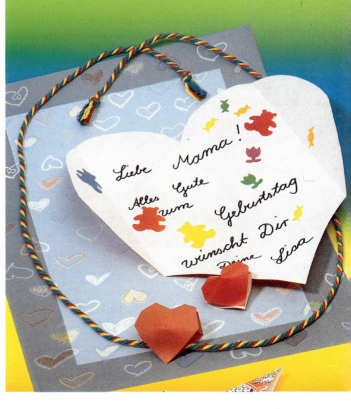

**Material:**
1 rotweißes DIN-A4-Blatt (Bicolor) oder größeres DIN-Format zum Quadrat verkleinert, beziehungsweise Origamipapier, Schere und Papierkleber. Bei Bedarf Stifte und bunte Aufkleber (Sticker).

1. Falzen Sie entlang der beiden Diagonalen zu Bergfalten auf der farbigen Seite und öffnen das Papier wieder. Wenden Sie das Blatt, so daß die weiße Rückseite oben liegt.
2. Schlagen Sie eine Ecke zur Mitte ein.
3. Wiederholen Sie die Faltung von Punkt 2 mit den restlichen drei Ecken. Es entsteht ein einfacher Briefumschlag.
4. Öffnen Sie den Umschlag wieder und falten ihn erneut entlang der Diagonalen. Schneiden Sie Ihre Arbeit entlang der Linie auf.
5. Wenn Sie nun das geschnittene Dreieck aufschlagen, entsteht ein schönes Herz, das Sie nach Belieben auf der weißen Innenseite beschreiben, bekleben und bemalen können.
6. Ein letztes Mal zusammengefaltet, kann Ihr Herz auf die Reise gehen.

# Umhängeherz

**Material:**
1 rotes, etwas stärkeres Blatt mit 10 Zentimeter Seitenlänge oder kleiner. Papierkleber sowie Wollfaden oder ähnliches.

Dieses Modell ist eine vereinfachte Form der Faltung von Makoto Yamaguchi.

1. Falzen Sie das Blatt entlang der Diagonalen zu Bergfalten. Wenden Sie es

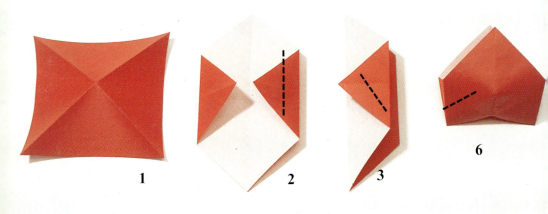

auf seine Rückseite.

2. Schlagen Sie die rechte und linke Ecke zur Mittellinie ein.

3. Knicken Sie die Arbeit entlang der Mittellinie um. Gravieren Sie nun mit dem Fingernagel an der gestrichelten Linie einen Bogen in das Papier ein.

4. Halten Sie es in der Mitte fest, und klappen Sie einen Flügel wieder nach außen. Drücken Sie mit dem anderen Daumen an der markierten Stelle eine Delle. Falten Sie die obere Spitze nach unten.

5. Die Faltung von Punkt 4 sieht auf der Rückseite wie abgebildet aus.

6. Formen Sie ein schönes Herz und schlagen Sie die Herzspitzen an den gestrichelten Linien der Abbildung ein. Fixieren Sie die Herzspitze mit etwas Papierkleber, und fädeln Sie den Wollfaden durch die Herzflügel. Fertig.

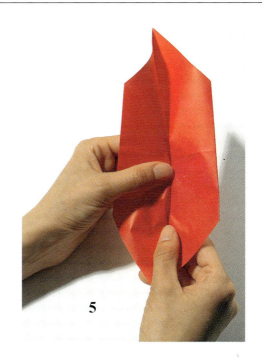

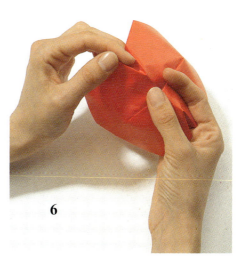

# Krone

**Material:**
1 beidseitig gelbes oder goldenes Blatt Papier in Größe DIN A4 oder größer, verkleinert zum Quadrat.
Erfahrene Falter können auch mit dünner Goldfolie arbeiten. Einfaches Gummiband oder Wollfaden.

1. Falten Sie das Papier in der Mitte und schlagen Sie anschließend den rechten und linken Seitenrand zur Mittellinie ein. Öffnen Sie das Blatt wieder.
2. Drehen Sie das Blatt um 90 Grad, und wiederholen Sie die Faltung Punkt 1. Es ist ein Karomuster mit 16 Einzelquadraten entstanden.
3. Falten Sie das Blatt in der Mitte zusammen.
4. Halten Sie die untere Ecke an der Bruchkante in der Mitte fest, ziehen Sie die Ecke nach oben, und drücken sie beim ersten Kreuzungspunkt flach. Wiederholen Sie die Faltung mit der oberen Ecke. Wenn Sie das Modell um 90 Grad nach rechts drehen, erinnert es an ein Haus.

5. Klappen Sie die linke und rechte Hausseite nach hinten, so daß ein Quadrat entsteht.

6. Falten Sie die beiden unteren Ecken des Quadrates zur Mitte. Wiederholen Sie diese Faltung auf der Rückseite.

7. Falten Sie auf der Vorder- wie Rückseite die untere Eckspitze nach oben zur Oberkante hin, und drücken Sie noch einmal alle Kanten fest.

8. (Handabbildung) Ziehen Sie die Form leicht auseinander, und drücken Sie sie oben ein.

9. Befestigen Sie einen Gummifaden oder Wollfaden daran, indem Sie mit einer Zirkelspitze oder ähnlich spitzem Gegenstand an zwei gegenüberliegenden Stellen des Kronenrandes Löcher bohren.

Aufsetzen und für einen Tag (oder länger) Königin oder König sein.

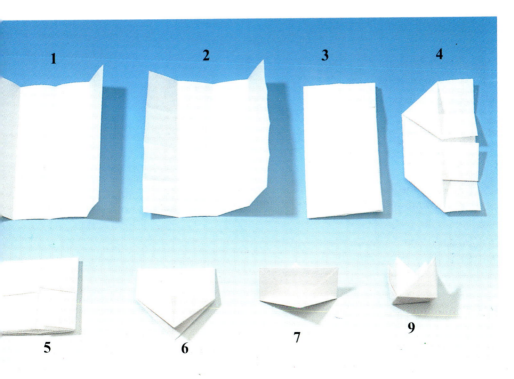

# *Indianer*

Indianer und der Wilde Westen stehen bei den Kindern immer hoch im Kurs. Bieten Sie Ihren Kindern die folgenden Origamimodelle zum Falten an, können Sie bestimmt auch den letzten „Bastelmuffel" aus seinem Versteck locken. Viele Kinder haben heutzutage Zuhause im Kinderzimmer ganze Spielwelten, die sich wunderbar mit Origamimodellen ergänzen lassen. So passen beispielsweise die Indianerfiguren von Playmobil perfekt zu den in diesem Buch beschriebenen „Wigwam"-Zelt, „Pferd" und dem „Kanu". So ersparen Sie sich zum Preis von etwas farbigem Papier teures Zubehör.

Das „Pferd" gehört übrigens zum Schwierigsten, was dieses Buch zu bieten hat: Wer einmal die Pferdefaltung erfolgreich bewältigt hat, bekommt automatisch die Ehrenmitgliedschaft der „Origamikids" und wird sich von nun an durch wenig Faltbares schrecken lassen. Insbesondere der Pferdekopf hat es in sich. Am Anfang wird das Pferd vielleicht nicht ganz so schön, aber man darf einfach nicht locker lassen. Nach einigen Versuchen klappt es in der Regel immer. Kein tapferer Häuptling und keine unerschrockene Squaw sollte ohne den nur so durch die Luft schießenden „Pfeil" auskommen müssen. Haben Sie gemeinsam einen Vorrat dieses „Action-Origamis" angelegt, so gewinnen Spaziergänge in der freien Natur einen ganz neuen Reiz.

# Wigwam

***Material:***
1 Blatt DIN-A3-Papier oder ein größeres DIN-Format zum Quadrat verkleinert. Besonders eignen sich Geschenkpapier mit Indianermustern oder selbst bemaltes beziehungsweise mit Stempeln bedrucktes Packpapier.

1. Legen Sie sich das quadratische Blatt mit der farbigen Seite nach oben zurecht.
2. Falten Sie das Blatt entlang der beiden Diagonalen zu Bergfalten, die später Außenseiten des Zeltes werden.
3. Halbieren Sie mit einer Talfalte das Blatt. Schieben Sie entlang der Talfalte das Quadrat zu einem Dreieck zusammen.
4. Das Ergebnis sollte so aussehen.
5. Falten Sie die rechte vordere Ecke zur Mittellinie.
6. Wiederholen Sie die Faltung von Punkt 5 an den restlichen drei Eckspitzen, bis die Arbeit mit der Abbildung übereinstimmt.
7. Öffnen Sie die Arbeit etwas und schlagen Sie den überstehenden rechten Zipfel nach innen.

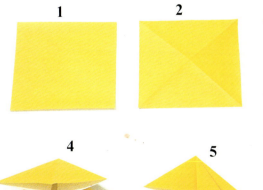

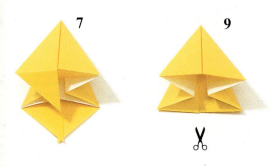

8. Wiederholen Sie die Faltung von Punkt 7 mit den drei restlichen Zipfeln.
9. Öffnen Sie das Modell und schneiden die oben liegende Mittellinie zur Hälfte für einen Zelteingang ein.

*Tip:* Um ein für Playmobil-Figuren geeignetes Zelt zu erhalten, sollte das Papier mindestens die 30 Zentimeter Seitenlänge eines A3-Blattes aufweisen.

# Pfeil

*Material:*
1 Blatt nicht zu dickes Briefpapier in der Größe DIN A4 sowie ein Stück Tesafilm.

1. Falzen Sie das Papier in der Mitte.
2. Falten Sie die beiden oberen Ecken zur Mittellinie in Form eines „Hausdaches".
3. Schlagen Sie die neu entstandenen Ecken wieder zur Mitte ein, und wenden Sie das Blatt.
4. Falten Sie die Ecken ein drittes Mal zur Mittellinie.

5. Knicken Sie nun die mittlere Faltung, und stellen Sie sie waagerecht. Mit einem Stück Tesafilm kann der Pfeil fixiert werden.

*Tip:* Je nachdem, ob man das Blatt waagerecht oder senkrecht faltet, entsteht ein kurzer oder langer Pfeil. Testen Sie selbst die Flugtauglichkeit. In der Regel schwört jeder Falter auf seine eigene Variation. Aus fototechnischen Gründen wurde hier der kurze Pfeil gewählt.

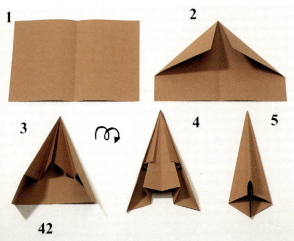

# Kanu

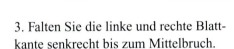

**Material:**
1 Blatt holzfarbenes Origamipapier oder selbstgeschnittenes Packpapier von 15 Zentimeter Seitenlänge.

1. Falzen Sie das Blatt senkrecht in der Mitte. Schlagen Sie nun die Blattränder rechts und links zur senkrechten Mittellinie ein. Öffnen Sie das Blatt wieder.
2. Knicken Sie rechts und links einen Streifen um, bis er mit der ersten Falzlinie übereinstimmt. Öffnen Sie das Blatt nicht mehr.

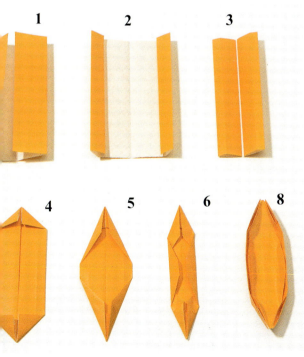

3. Falten Sie die linke und rechte Blattkante senkrecht bis zum Mittelbruch.
4. Falten Sie die rechten und linken Ecken zur Mittellinie in Form eines „Hausdaches" ein.
5. Falten Sie die vier Seitenkanten der beiden „Dächer" ebenfalls zur Mittellinie.
6. Falten Sie die beiden kurzen, rechten und linken Seitenkanten zur Mittellinie.
7. (Handaufnahme) Jetzt kommt die einzige trickreiche Stelle: Die Innenseite muß nach außen umgestülpt werden. Legen Sie dazu die Arbeit wie abgebildet vor sich hin, und ziehen Sie das gefaltete Papier in der Mitte etwas auseinander, während Sie von hinten drücken. Dann wenden Sie Ihr Modell um und formen das Boot aus.
8. Das fertige Kanu.

# Pferd

**Material:**
2 Blatt dünnes, reißfestes Papier in Grau, Erdfarben oder Beige von circa 15 Quadratzentimeter oder kleiner. Papierkleber.

## *Pferdekörper*

Nehmen Sie ein neues Blatt zur Hand, und beginnen Sie den Pferdekörper anhand der Punkte 18 bis 22 des Löwen auf Seite 23 zu falten.
1. Falten Sie die linke und rechte Kante nochmals zur Hälfte nach hinten.
2. Öffnen Sie die Figur wie in der Handabbildung gezeigt.
3. Klappen Sie den Körper in der Mitte zusammen.
4. Falten Sie von der Bauchmitte her die vier Klappen schräg nach vorne. Legen Sie den Pferdekörper erst einmal beiseite.

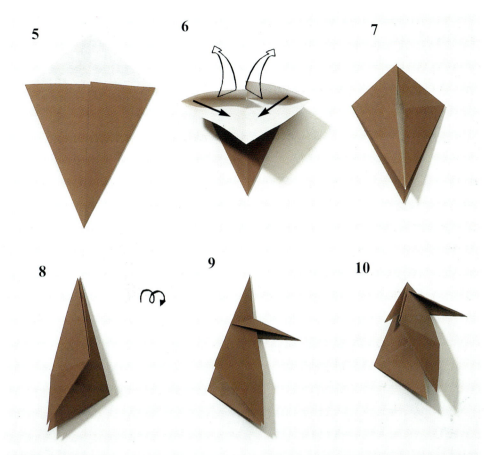

## Pferdekopf

5. Nehmen Sie ein neues Blatt zur Hand, falten Sie ein Drachenviereck (siehe „Giraffenhals" Punkt 1 bis 4 auf Seite 18), und wenden Sie dann die Figur.
6. Schlagen Sie die obere auf die untere Spitze des Drachens um. Öffnen Sie die Figur leicht und drücken Sie gleichzeitig die linke und rechte Ecke zur Mittellinie. Streichen Sie die Kanten glatt. Wiederholen Sie die Faltung auf der Rückseite.
7. Es ist eine kleinere Drachenform entstanden.
8. Klappen Sie diese an der senkrechten Mittellinie zusammen.
9. Legen Sie die Arbeit so vor sich, daß die offenen Seiten nach rechts und die kurze Seite nach unten zeigt. Klappen Sie von der oberen Spitze die erste Lage Papier mit einer Gegenbruchfalte (siehe „Pinguin" Punkt 6 auf Seite 15) nach rechts außen zum Pferdekopf.
10. Falten Sie nun die zweite Lage der oberen Spitze bis zum „Anschlag" nach links innen.

**11**         **12**         **11a**

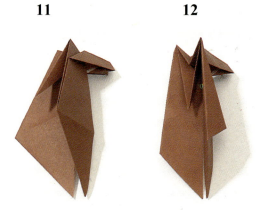 

11. (Handabbildung) Nehmen Sie nun die Ecke von der Falzmitte, die zum Kopf zeigt, zwischen Daumen und Zeigefinger und ziehen sie nach unten. Klappen Sie den Kopf wieder zusammen, es sollten nun zwei spitze Pferdeohren entstehen. Klappen Sie die Spitze der „Pferdeschnauze" nach innen.
12. Knicken Sie nur noch links und rechts eine Mähne um und fertig ist der Pferdekopf.

Nehmen Sie den Pferdekörper zur Hand, und kleben Sie den Pferdekopf auf. Gratulation: Sie haben die schwierigste Faltung in diesem Buch bestanden!

*Tip:* Zum Üben der Pferdefaltung können auch größere Papierformate ausprobiert werden.

# *Sommerwiese*

Eine der schönsten Seiten des Hobbys Origami ist, daß man alles Notwendige in eine Tasche stecken und es beinahe überall betreiben kann. Man muß deshalb auch nicht bei Sonnenschein sein Dasein in dunklen Zimmern fristen, sondern kann beispielsweise auf der grünen Wiese eine Decke ausbreiten und mit dem Falten loslegen. Wenn es um einen herum nur so summt und vor Leben pulsiert, sollten auch die Origamimodelle dem gerecht werden.

So ist etwa der Marienkäfer eines der schönsten und trotzdem einfachsten Origamis für die Sommerzeit. Außerdem gehört er zu den vielseitigsten Origamimodellen, denn mit anderen Papierfarben und entsprechender Bemalung verwandelt er sich geschwind in Bienen, weitere Käfer, Kleeblätter oder verschiedene Blumen. Hier ist vor allem die Umsetzung in Phantasie und Spiel gefragt. Der „Springfrosch" kann dagegen mit etwas Hilfe wie ein echter Frosch umher-

hüpfen. Verschiedenfarbige Frösche können so zum Wettbewerb in Sachen Weitsprung, Hochsprung und Salto antreten. Oder zum Zielhüpfen in den „Teich" beziehungsweise auf ein Seerosenblatt. Um den Frosch zum Springen zu bringen, gibt es verschiedene Techniken. Versuchen Sie es zum Beispiel mit einem kurzen leichten Schlag auf sein Hinterteil. Wenn es nicht klappt oder für die Kleinen: einfach mit dem Finger anschnippen. Ausprobieren. Und Pssst! Im Frosch kann man auch Mitteilungen oder Briefe verstecken.

Leider sind im Sommer die buntschillernden Schmetterlinge viel zu selten geworden. Grund genug, um sich welche aus Papier selbst zu falten. Am Anfang erscheint der „Schmetterling" recht kompliziert und tatsächlich eignet er sich nicht für die Kleinen. Kinder ab 8 Jahre, die den Bogen heraushaben, machen jedoch oft ganze Schwärme. Kinder bemalen auch gerne zum Schluß die Flügel. Und wo ein Schmetterling flattert, darf auch die „Raupe" nicht fehlen. Im Gegensatz zum glitschigen Original ist die „Schnecke" ein gewinnendes Wesen. Wem sie einmal gelungen ist, der faltet sie immer wieder gern. Kleben oder malen Sie auf den Körper eine Spirale und die Schneckenpost kann losgehen. Kennen Sie das tolle Brettspiel „Tempo, kleine Schnecke"? Wenn Sie es nicht besitzen, können Sie es mit dieser Faltung und einem Farbwürfel aus dem Spielzeugladen einfach nachspielen.

# Marienkäfer

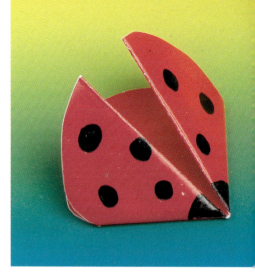

*Material:*
Ein Blatt rotes Papier von 5 oder 10 Zentimeter Seitenlänge, nach oben und unten sind im Format jedoch kaum Grenzen gesetzt. Schwarzer Stift und Schere.

1. Legen Sie das Blatt wie auf der Abbildung zurecht.
2. Führen Sie die untere auf die obere Ecke und falten das Blatt (diagonal) zu einem „Hausdach".
3. Legen Sie die linke, untere Ecke des Dreiecks auf die Spitze des „Daches" und falzen Sie die Knickstelle gut nach.
4. Wiederholen Sie die Faltung von Punkt 3 mit der rechten, unteren Ecke.
5. Wie zwei Flügel stehen die beiden zuletzt gefalteten Eckspitzen etwas nach oben ab. Drücken Sie mit einer Hand das Modell zusammen, während Sie die Figur anhand in der Abbildung eingezeichneten, gestrichelten Linie beschneiden und abrunden.
6. Malen Sie Punkte auf die „Flügel" und den „Käferkopf" schwarz an.

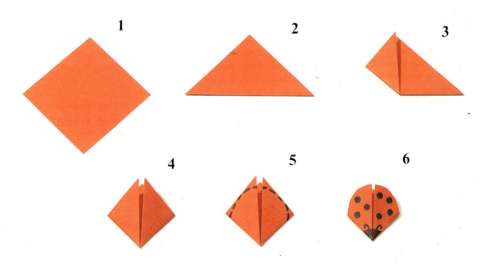

## *Käfer*

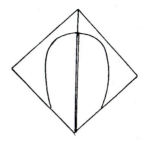

Die Marienkäfer-Faltung eignet sich schon für ganz kleine Kinder. Sie ist Ausgangspunkt für viele verschiedene Modelle. Mit geringer Variation in Schnitt und Papier können Sie daraus
- Bienen,
- Käfer,
- Kleeblätter,
- Salatblätter oder
- Blumen wie Seerosen und Tulpen

machen.
Den Kindern fallen dazu schnell eigene Ideen ein und sie können dabei ihre eigene Kreativität entfalten. Praktisch für solche Variationen sind buntes Notizpapier aus dem Zettelkasten oder farbenfrohes Origamipapier in Miniaturformat.

*Tip:* Nicht immer sind große Papierformate auch automatisch besser für kleine Kinder. In der Regel lieben die Kleinen gerade kleine Dinge und nehmen dafür auch gerne ein paar technische Ungenauigkeiten ihrer Modelle in Kauf.

## *Biene*
Flügel leicht nach außen stellen, damit der Bauch zu sehen ist

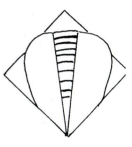

## *Seerose*
tief runterschneiden

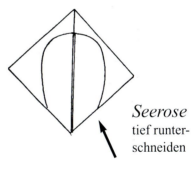

Mit der Scherenkante leicht einrollen (wie beim Geschenkband-Kringeln)

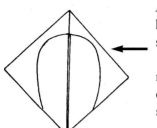

## Kleeblatt
hier sehr gerade schneiden

nicht zuviel auf der Seite wegschneiden

## Salatblatt
verschieden große Blätter schneiden, mit der Scherenkante wellen und zum Salatkopf ineinanderstecken

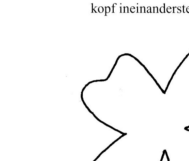

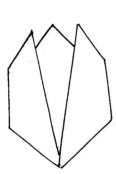

## Tulpe
1. Ecken leicht versetzt falten
2. Seiten nach hinten knicken

## Seerosenblatt

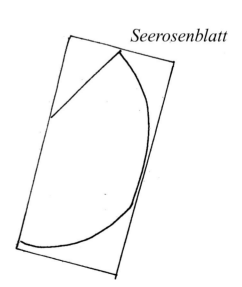

# Raupe

*Material:*
1 grünes Blatt Origamipapier oder quadratisches Buntpapier mit einer Seitenlänge von 10 bis 20 Zentimeter. Papierstreifen zwischen 10 und 20 Zentimeter lang und 2,5 und 5 Zentimeter breit.

1. Schneiden Sie Ihr Blatt längs in gleichmäßige, 2,5 bis 5 Zentimeter breite Streifen. Hilfslinien erhalten Sie durch eine mehrmalige Halbierungsfaltung.
2. Nehmen Sie einen Papierstreifen zur Hand und falten die vier Ecken nach innen nicht ganz zur Mitte in Form eines „Hausdaches". Wenden Sie die Arbeit auf die Rückseite.
3. Legen Sie den Raupenkörper stufenweise in Falten, allerdings nicht wie bei einer Ziehharmonika exakt übereinander.
4. Ihr Ergebnis sollte jetzt so aussehen.
5. Links und rechts einen schmalen Rand nach hinten biegen, Augen aufmalen und Ihre Raupe kann loskriechen.

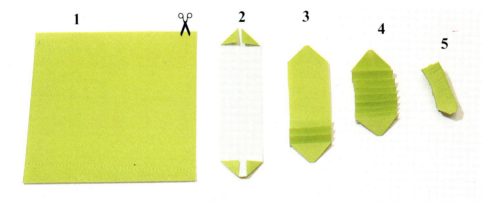

# Springfrosch

*Material:*
1 grünes, etwas stärkeres Blatt Papier mit 8 Zentimeter Seitenlänge sowie eine Schere.

1. Falzen Sie das Blatt einmal in der Mitte und schneiden an dieser Hilfslinie ein Rechteck von 4 mal 8 Zentimeter Kantenlänge ab. Falten Sie die rechte untere Ecke des Rechtecks diagonal zur linken Blattkante und wieder zurück.
2. Falten Sie die linke untere Blattkante diagonal zur rechten Blattkante und wieder zurück.
3. Drücken Sie nun den Kreuzpunkt der beiden zuvor gefalteten Diagonalen des unteren Blatteils hinten nach vorne. Wenn Sie dabei die Figur leicht zusammenpressen, sieht Ihr Ergebnis so aus.
4. Schieben Sie die Figur derart ineinander, daß eine dreieckige Spitze mit rechteckiger Verlängerung entsteht. Wenden Sie Ihre Arbeit auf die Rückseite und drehen sie um 180 Grad.
5. Heben Sie die breite Seite des oberen Dreiecks etwas an. Denken Sie sich eine Mittellinie von der Dreiecksspitze zur unteren Blattkante. Schlagen Sie nun die rechte Seite bis zu dieser Hilfslinie ein.

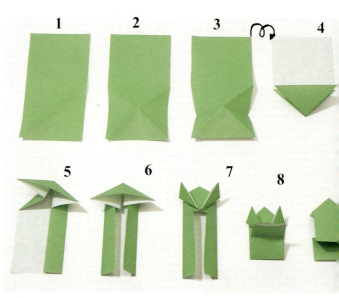

52

6. Wenn Sie die Faltung von Punkt 5 mit der linken Seite wiederholt haben, sollte Ihr Ergebnis so aussehen.

7. Falten Sie nun die beiden Spitzen des verbliebenen, oberen Dreiecks als „Froschbeine" nach oben. Wie weit ist Geschmackssache und folgt Ihrer „Sprungerfahrung". Etwa bis zur Hälfte hat sich bewährt.

8. Auch hier müssen Sie selbst entscheiden, wie die Ziehharmonikafaltung angelegt werden soll. Die erste Faltung sollte jedoch nicht ganz bis zur Dreiecksspitze gehen. Die Gegenfaltung kann beispielsweise circa 1,5 Zentimeter tief sein.

9. Wenden Sie den Frosch und auf die Plätze fertig los ...

*Tip:* Ideal ist buntes Notizpapier, das einfach in der Mitte gefaltet wird und somit unbeschnitten weiterverarbeitet werden kann. Das angegebene Papierformat sollte jedoch nicht überschritten werden, da zu große Blattformate Ihre Frösche träge macht. Nach unten gibt es jedoch fast keine Grenzen ...

# Teich

**Material:**
1 blaues Blatt im Format DIN A3 zum Quadrat verkleinert. Farbiges Kopierpapier eignet sich besonders gut. Papierkleber.

1. Falzen Sie das Blatt entlang der Diagonalen zu Bergfalten. Wenden Sie es auf die Rückseite.
2. Schlagen Sie die linke und rechte Ecke mit den Spitzen zur Mittellinie ein. Wenden Sie das Blatt wieder auf die Rückseite.
3. Falzen Sie den linken und rechten Rand zur Mittellinie, und drücken Sie die Knickstellen flach.
4. Falten Sie die beiden kleinen, nach hinten geknickten Dreiecke auf der rechten und linken Seite nach vorne, und schlagen Sie sie zur Mittellinie ein.
5. Falzen Sie die obere und untere Dreiecksspitzen nach vorne. Wenden Sie die Arbeit auf die Rückseite.
6. Falten Sie oben und unten die kleinen weißen Dreiecke auf der Höhe Ihrer Spitzen nach vorne.
7. Und noch einmal mittig zusammenfalten, bis ein Päckchen entsteht.
8. (Handaufnahme) Entfalten Sie das Päckchen wieder zu einem Streifen und schieben es wie abgebildet zusammen. Festkleben und auf der gegenüberliegenden Seite wiederholen.
9. Die Faltung eignet sich auch für schöne Eierbecher. Ausgang ist dann ein Origamipapier der Größe 10 mal 10 Zentimeter.

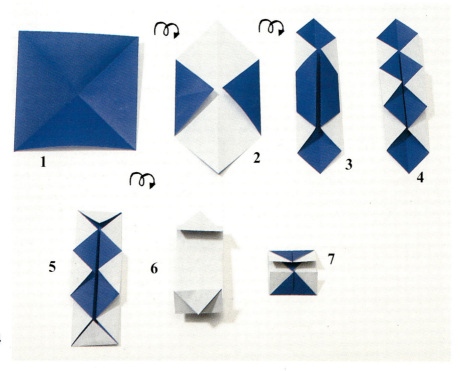

# Schnecke

***Material:***
1 Blatt rosa, beiges oder gelbes Origami- oder Buntpapier mit 10 Zentimeter Seitenlänge. Größere und kleinere Formate sind ebenfalls möglich. Besonders eignen sich strukturierte Papiersorten oder Regenbogenpapier. Schere.

1. Falten Sie das Blatt diagonal.
2. Schlagen Sie die linke und rechte Ecke zur Mittellinie ein. Falten Sie ein Viereck in Form eines Drachen.
3. Falten Sie die rechte Ecke des abgebildeten Drachens zur Mitte.
4. Wiederholen Sie die Faltung von Punkt 4 mit der linken Seite. Eine Raute entsteht.
5. Falten Sie die untere Eckspitze nach oben bis etwas über die Hälfte.
6. Falten Sie nun die Eckspitze stufenweise zurück und wenden Ihre Arbeit.
7. Knicken Sie die obere Eckspitze nach vorne ein, bis sie die untere Falzkante berührt.
8. Halten Sie Ihr Modell in der Mitte an der markierten Stelle fest und ziehen nach innen, dabei gleichzeitig den Zipfel nach oben ziehen.

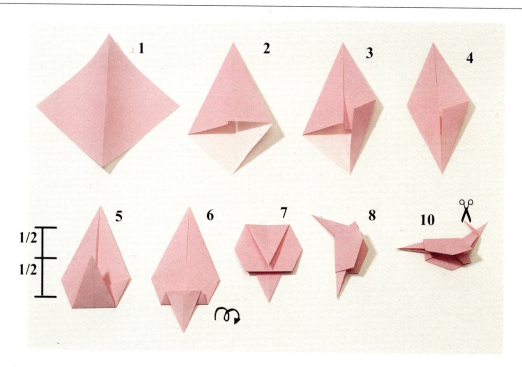

9. Sollte Punkt 8 nach der Beschreibung nicht sofort klappen, sehen Sie sich doch einfach das Endergebnis an und probieren aus, wie der Schneckenkopf nach innen gefaltet wird.

10. Schneiden Sie die Kopfspitze für die Fühler minimal ein und biegen eine Ecke schräg nach vorne.

# Schmetterling

**Material:**
1 Blatt Origami- oder Buntpapier mit 10 bis 15 Zentimeter Seitenlänge. Je bunter das Papier, desto schillernder die Schmetterlinge. Erfahrene Falterinnen können sich auch an Glanz- oder Folienpapieren probieren.

1. Legen Sie das Blatt mit der farbigen Seite nach oben zurecht. Falten Sie ein gerades Kreuz mit Talfalten auf der farbigen Seite und öffnen das Blatt wieder.
2. Wenden Sie das Blatt, falten die linke und rechte Seite zur senkrechten Mittellinie hin und öffnen die Arbeit wieder.
3. Drehen Sie das Blatt um 90 Grad und schlagen die rechte Seite zur Mittellinie ein.
4. Verfahren Sie genauso mit der linken Seite. Würden Sie das Blatt nun öffnen, wäre ein Karomuster mit 16 Quadraten erkennbar.
5. Halten Sie die Arbeit mit einer Hand in der Mitte fest. Mit der anderen ziehen Sie die linke obere Blattecke wie im Bild nach außen und bewerkstelligen somit einen Diagonalbruch entlang der kleinen Quadrate.
6. Streichen Sie die neuen Kanten glatt und wiederholen Sie die Faltung mit den restlichen Ecken. Fertig ist die Windmühlengrundform. Es gibt noch weitere Falttechniken, die zum gleichen Ergebnis gelangen, gebrauchen Sie einfach Ihre Lieblingsvariante.

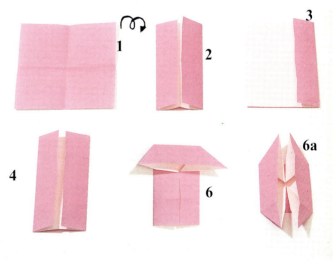

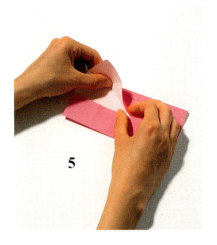

*Tip zu Punkt 1-7:* Immer wenn man eine Faltung zum ersten Mal ausprobiert, erscheint sie einem kompliziert. Doch keine Sorge, Sie schaffen es! Bei dieser Faltabfolge hat sich gezeigt, daß Kinder sie sich am leichtesten merken können. Diese Grundform wird auch für das Pferd, die Giraffe und den Löwen benötigt.

7. Klappen Sie von der Mitte aus die obere und untere Ecke nach rechts außen.
8. Falten Sie den linken Teil (Trapez) nach hinten auf die Rückseite.
9. Biegen oder drücken Sie die beiden rechten Flügel nach vorne bis zum Anschlag in der Mitte (Grundseite des unteren Trapezes). Wenden Sie anschließend das Modell auf seine Rückseite.
10. Fügen Sie von unten her mit dem Fingernagel noch einen kräftigen Falz für den Körper ein.

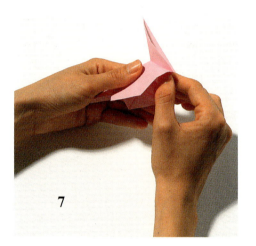

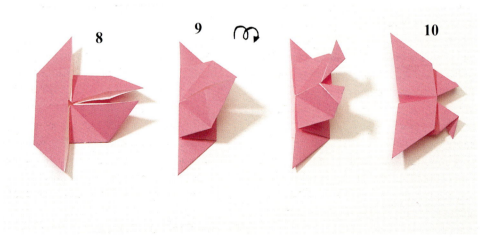

# *Anhang*

# Origamipapier & Co

1. Die meisten Origamimodelle in diesem Buch basieren auf quadratischen Faltblättern. Origamipapier wird in den Standardgrößen 10 und 15 Quadratzentimeter angeboten. Daneben gibt es noch diverse Zwischenformate zu kaufen, wie 5, 13, 19 oder 20 Quadratzentimeter. Die Qualität von Origamipapier zeichnet sich durch die Genauigkeit des Beschnitts aus. Je exakter geschnitten, desto weniger Probleme gibt es später beim Falten der Modelle.

2. Kinder mögen es bunt: Greifen Sie deshalb im Zweifelsfall lieber zu den bunten Bogen oder noch besser zu den buntbedruckten Motivblättern. Insbesondere das japanische Origamipapier zeichnet sich durch eine gigantische Auswahl an Motivbogen aus. Wobei sich jedoch unsere abendländische Ästhetik nicht unbedingt mit der japanischer Hersteller von Origamipapier decken muß. Wenn Sie die Gelegenheit haben, Origamipapier mit aufgedruckten Tiermustern (z.B. Kuhflecken oder Tigerstreifen) zu kaufen, dann tun Sie es! Diese Papiere sind so selten, daß dafür eigentlich jeder Preis gerechtfertigt ist. Andererseits können Sie mit den Kindern solche Muster auch vor dem Falten auf das Origamipapier malen.

3. Für manche Modelle ist es notwendig, daß entweder beide Seiten farbig (z.B. beim Löwen) oder umgekehrt zweifarbig (z.B. beim Pinguin) sein müssen. Wenn Sie in diesem Fall kein solches zur Hand haben, so können Sie sich auch beim Bicolorpapier einfach mit Scherenschnitt- oder Buntpapier behelfen, das ebenfalls zweifarbig ist. Oder Sie malen mit dem Kind beispielsweise eine Seite eines weißen Blattes in der gewünschten Farbe an. Letzteres hat den Vorteil, daß Ihr Papier lebendiger wirkt und Sie auch ruhig dickere Papierstärken verwenden können. Beim beidseitigen Papier können Sie unter Umständen auch dünneres Tonpapier verwenden, das in den meisten Bastelgeschäften erhältlich ist, und es vor dem Falten quadratisch zuschneiden.

4. Wenn Sie große Mengen an Faltpapier benötigen, etwa bei Parties, Kindergärten oder Schulklassen, können Sie auch getrost zu quadratischem Notizpapier greifen, wie es beispielsweise als Abreißblock oder in Boxen für den Schreibtisch angeboten wird. Es kostet nur einen Bruchteil von original Origamipapier und ist trotzdem in der Regel sehr genau geschnitten. Erhältlich in Weiß, Ökograu oder regenbogenfarben.

5. Greifen Sie auch ruhig zur Schere, und schneiden Sie sich mit einer selbstgebastelten Schablone aus Geschenkpapierrollen Ihre eigenen Motivpapiere. Kaufen Sie z.B. ein Päckchen fertiges Origamipapier in der Größe 15 x 15 cm, und nehmen Sie die in der Regel zur Stabilisierung beiliegende Pappe als Schablone, die mit einem weichen Druckbleistift auf das Geschenkpapier übertragen wird. Sie können herkömmliches Briefpapier nach DIN A4, aber auch größere Formate wie DIN A3, zu Quadraten verkleinern, indem Sie zwei Blätter im 90-Grad-Winkel aneinander anlegen und die überstehenden Streifen abschneiden.

6. Origamipapier oder die anderen in diesem Buch erwähnten Papiersorten erhalten Sie am einfachsten bei Ihrem lokalen Schreibwarenhändler oder im Bastelbedarfsgeschäft.

## *Danksagung*

Ich danke Herrn Lucio vom Origami München e.V. sowie Herrn Mulatinho von Origami Deutschland für ihre Unterstützung bei meiner Arbeit an diesem Buch.

Origami Deutschland
Paulo Mulatinho
Postfach 1630
D-85316 Freising

Origami München e.V.
René Lucio
Postfach 221324
D-80503 München

# Schwierigkeitsstufen

## *Stufe I*
Keinerlei oder wenige Vorkenntnisse

Auto,
Baum,
Bilderrahmen,
Briefumschlag,
Eisbär,
Haus,
Marienkäfer,
Pfeil,
Pinguin,
Tannenbaum,
Wigwam

## *Stufe II*
Kanu,
Krone,
Nikolaus,
Schmetterling,
Schnecke,
Schweinchen,
Springfrosch,
Teich,
Umhängeherz

## *Stufe III*
Giraffe,
Löwe,
Pferd,
Teufelchen

## Internationale Faltsymbolik

| Symbol | Bedeutung | Beispiel |
|---|---|---|
| – – – – | Talfalte | |
| –··–··–·· | Bergfalte | |
| —|— | nach vorne falten | |
| ———⇉ | nach innen falten | |
| ⤺ | nach hinten falten | |
| ↻ | wenden | |
| ↙ | versenken | |
| ⇒ | vergrößerter Maßstab | |
| ⇨ | verkleinerter Maßstab | |
| ⟶ | Richtung | |
| ⇢ | entfalten | |
| ┼┼⇉ | auch hinten falten | |
| ╫╫⇉ | Faltvorgang wiederholen je Anzahl der Striche | |
| ⟵ | falten und entfalten | |
| ⌒⌒⌒➤ | mehrmalige Talfalte | |
| ○ | vorgefaltete Falte | |
| | hier festhalten | |
| ∿➤ | stufenweise falten | |
| ········ | von innen gesehen | |
| ☐ ☐ | Papierformate | |
| -----✂ | schneiden | |
| ▭ | gleiche Teile | |

62

# *Eine Auswahl aus unserem Gesamtprogramm*

ISBN 3-8241-0605-1
Broschur, 32 S., Vorlagebogen

ISBN 3-8241-0675-2
Broschur, 32 Seiten

ISBN 3-8241-0646-9
Broschur, 32 S., Vorlagebogen

ISBN 3-8241-0600-0
Hardcover, 64 Seiten

ISBN 3-8241-0677-9
Broschur, 32 S., Vorlagebogen

ISBN 3-8241-0616-7
Broschur, 32 S., Vorlagebogen

# *Eine Auswahl aus unserem Gesamtprogramm*

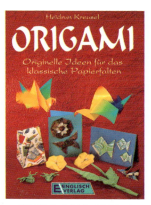

ISBN 3-8241-0562-4
Broschur, 64 Seiten

ISBN 3-8241-0682-5
Broschur, 32 S., Vorlagebogen

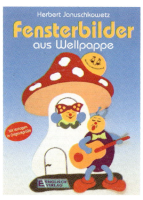

ISBN 3-8241-0653-1
Broschur, 64 Seiten

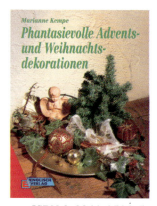

ISBN 3-8241-0598-5
Broschur, 32 S., Vorlagebogen

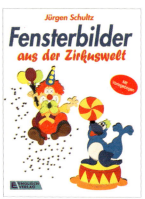

ISBN 3-8241-0630-2
Hardcover, 48 Seiten

ISBN 3-8241-0485-7
Hardcover, 64 Seiten